거스를 수 없는 세월

이수종 시집

문운당

작가의 말

學硏後 知不足이라는 말이 있듯이 글이란 쓰면 쓸수록 더 어렵다는 것을 알았다. 사실에 근거한 것이 많아 세심한 주의가 필요했다.

의욕만 앞섰지 아름다운 시어詩語가 부족하였음이 아쉽다.

끝으로 제11집이 나오도록 허락해준 문운당 이성범 사장님과 원고 교정을 도와준 편집부 심진성님에게도 지면을 통해 감사한 마음을 전하는 바이다.

2021년 5월 못골에서

▎차례

첫/번/째/이/야/기

기억은 삶의 소중한 일기

두/번/째/이/야/기

시든 꽃도 아름답다

세/번/째/이/야/기

막돼먹은 사람들

첫/번/째/이/야/기

기억은 삶의 소중한 일기

기억

내가 옛날의 나를 만나고 싶을 때
생각의 배를 타고
기억의 강을 오르내린다
잠깐 머무는 곳도
내키지 않는 아픔의 시간도
하나같이 좋은 추억
기억은 점철된 삶의 일기

말할 수 있는 삶의 가치

약탕기로 약을 달이듯 써내려간
정성이 담긴 옥고玉稿를 읽기도 하고
소소하고 소박한 이웃의 이야기도 귀담아 듣는다

지나온 삶을 관조할 수 있는 마음의 여유일까
어두웠던 시절의 사연은 말할 것도 없고
감추고 싶은 가정사까지도 담담히 들려준다

보탬과 뺌이 없는 진솔한 이야기
그건 어떤 보석보다 더 값진 삶의 가치리라

일조점호

밤새 내린 눈으로
하얗게 물들은 새벽
내 고향에는 봄비가 내렸겠지
무릎까지 차는 눈밭으로 변해버린
내무반 앞 연병장

고향을 향해 아침인사를 드리고
이어 반동시작과 함께
군가를 부른다
"동이 트는 새 아침에~"

초저녁 잠들기 전
바람타고 들려오던 확성기 소리
휴전선까지는 불과 반 십리
그 유명한 백마고지가 바로 코앞이다

〈1960년대 중반 병영생활 중에서〉

일석점호

세상이 온통 얼어버릴 것만 같은 추위
게다가 바람까지 거든다

침상에 줄지어 앉은 졸병들
관물정리를 끝낸 지가 오래다
침묵이 흐른다
"너! 관등성명"
주번사관을 향해
"예엣 이병 김 아무갭니다"
갓 전입되어온 신참
잔뜩 겁먹은 얼굴이다

밤 10시
소등과 함께 취침에 든다
복도를 사이에 두고
가지런히 누운 얼굴 얼굴들
삭삭 사아삭
검정 통고무신(실내화) 끄는 소리
밤은 깊어간다

〈1960년대 중반 병영생활 중에서〉

행군

철모, 군화, 각반, 배낭, 탄띠, M1소총……
비포장도로
무려 왕복 이십 여리
대오에 맞춰
걷다 뛰다 보면
비를 맞은 것같이 옷은 젖고
얼굴은 흐르는 땀과 뒤섞인 먼지로 범벅이 된다
고참 신참이 따로 없다.
초여름 따가운 햇살이 내리쬐는 날에……

실향

1

무심코 던진 조약돌 하나
수면에서 푸드득거리다
물속으로 사라진다
불과 몇 초
언제 뭍으로 돌아올거나

2

파도에 떠밀려온 해초더미
고향을 잃었다
물때를 잘 만나면
다시 돌아갈 수 있으련만
바다는 말이 없고 잠잠하기만 하다

봄이 오는 창가에서

창틀에 눌어붙은 묵은 때를 벗겨내고
꽃향기 머금은 봄소식을 기다린다

자운영 꽃반지를 손가락에 끼고
마구 쏘다니던 논두렁
콧등엔 송송 땀방울이 맺히고
덜 가신 찬바람에 얼굴이 빨개져도
노느라 정신 팔려 시간 가는 줄 몰랐다
생각만 하여도 가슴이 설렌다

매화꽃 옆에 쓰인 액자 속의 글귀
早傳春信
마음은 벌써 오는 봄을 맞으려 달려가고 있다

봄을 기다리던 노인들

입춘 추위도 여간 아니다
우수 경칩이 지나면
얼었던 대동강 물도 풀린다던데
어서 봄이 오기를 기다린다

어쩌다 날씨가 좋기라도 하면
겨울나기가 지루하던 터라
골목 양지바른 곳을 찾아 몇몇 모여든다

담벼락을 등지고 쪼그리고 앉아
곰방대를 빽빽 빨며
꼬챙이를 땅에 대고 무엇인가 긁적댄다
운韻을 떼기가 무섭게
봇물 터지듯 나오는 끝도 없는 이야기

해가 중천에 온들
서두를 일도
기다리는 사람이 있는 것도 아니다

동장군이 안간힘을 써도
봄은 오고 있다

석공이 된 교장선생

해방이 되고
나라를 세웠을 때쯤
관룡산 산자락에
학생들을 불러 모아
교학의 첫걸음을 떼게 된 건
육영의 꿈을 이루려던 당신의 의지

돌과 씨름한 지 십여 년
몸소 옹벽을 쌓고
무너지면 다시 쌓아
여러 채의 교사校舍를 지었다
이어 운동장석축까지
그건 아무나 할 수 없었던 대역사大役事

교육 불모지나 다름없던 작은 시골에서
유학遊學의 희망을 갖게 해준
일을 마다않던 석공
그의 얼굴은 언제나 신념에 차 있었다

북 잡이

음력 정초가 되면
동네를 한 바퀴 돌던 걸궁패
북, 꽹과리, 장구, 징소리에 맞춰
상모를 돌리며 한바탕 늘어지게 논다
구경꾼도 덩달아 신이 나서 어깨가 들썩들썩

이날 역시 북 잡이가 그 이름값을 톡톡히 했다
상모가 아닌 고깔모를 쓰고
빙그르르 원을 그린다
자전과 공전을 섞은 날렵한 몸놀림
소가죽 북을 두드리며
무아경에 빠져든다
북채만 잡았다 하면
가히 신기神技에 가까운 예사롭지 않은 끼다
심금을 울리는 소리
두웅둥 둥둥

한 恨

홀아비로 살았던 외로운 사내
미장일이 그의 유일한 호구책이었다
단칸 사글셋방
세간이라곤 거의 찾아볼 수 없다

고향이 어디냐고 물어봐도
살짝 미간을 찌푸리며 쓴 웃음만 지을 뿐
어디서 어떻게 살았는지
그의 과거를 아는 사람 없었다
남도의 어느 빈촌이라는 것 외엔

떠돌다 정착한
피붙이도 친지도 없는 타관
외롭다 못해 서러움이
세월도 흘렀다
무슨 말 못할 사연이라도
나서 자란 산천을 내내 그리워하다
그렇게 살다 갔다

〈북 잡이와 한 恨은 동일 인물의 소재임〉

망향 望鄕

꺼지지 않는 활화산처럼 지지 않는 꽃
그건 고향을 향한 마음이리니

어디론가 훌쩍 떠나고 싶을 때엔
상상의 수레를 타고
내가 나서 자란 그곳으로 간다

뒷동산 실개울
곧게 뻗은 신작로
모두 내 맘 속에 피어 있다

시공時空을 초월한 기억의 꽃
시들지 않으리라

자야라는 이름

자야들이 모였다
팔순을 바로 눈앞에 둔 노인네들
만나기만 하면 옛날로 돌아가
서로가 스스럼없이 자야라고 부른다

명자, 영자, 길자, 혜자……
이름 끝이 모두 잣자子字
왜정시대 "코" 돌림이다
딱히 지을 이름도 없었거니와
그때 그게 유행이었으니
근데 육십갑자(六甲)의 경자庚子는 왜 드물까

〈庚子年 선달 어느 날에〉

귀한 아들과 비천한 이름

남아선호사상이 빚은 웃지 못할 촌극
여인들은 옷소매에 다복다남이라 수를 놓고
귀하게 얻은 남자애를 마당 개, 골목 개, 개똥이라 불렀다
기껏해야 십 년 사는 개에다가
복은 짓고 명은 타고나는 팔자인데…

애틋한 기다림

나라의 부름을 받고
전장戰場으로 나간 지아비 생각에
새댁은 오늘도 밤잠을 설친다

하늘에는 별이 총총
풀숲에서 울어대는 풀벌레 소리
산들바람을 타고
날아온 기별
오매불망
애타게 기다리던 소식

언제 오시려나
기약조차 없는 만남
그리움은 겹겹이 쌓여만 간다

〈시기는 6.25사변 때〉

명절 후유

차례茶禮를 지낸 다음날
떠날 채비를 하느라 부산하다
명절 끝에 마실 나온
오지랖이 넓은 이웃 친지
대뜸 한다는 말이
"뉘 집 아들은 선물이 바리바리라더라"
풍뎅이 호롱불 끄는 소리
속 뒤집는 말에 가슴이 조여 온다
듣기 좋은 꽃노래도 한두 번이라 했는데
가만히 있으면 덧이라도 나나
어렵게 사는 처지
차마 말할 수는 없고
형편을 아는 부모도 속상하기는 마찬가지

어머니 생각

부엌, 그곳은 어머니의 영역
고소한 누룽지 긁는 소리
이때다 싶어 기웃대면
영락없다
남자에겐 부엌은 출입금지구역
샘터나 빨래터는 그렇다손 치더라도
부엌은 왜
왜 그랬을까
그땐 어머니의 생각을 읽을 수가 없었다

역사를 잃어버린 동네

조만강을 거슬러 오르다 보면
범동포를 거쳐서 정천에 이른다
다시 내삼천과 만나는 부근에 뒷깨後浦마을이 있다

무더기로 쏟아져 나온 토기土器
이곳 사람들 그것의 역사적 가치를 몰랐다
귀신이 붙은 것이라고 했고
개 밥그릇으로도 썼다
심지어 재수 없는 물건이라 파기까지
유물이 파손되고
역사가 사라져버린 통탄할 일
그걸 그저 무지의 소치로 치부하기에는…

조상들이 남겼던 귀중한 유산
용하게도 긴긴 세월을 견뎠는데
하필이면
세상에 나오자마자 당한 수난受難
왜 그랬을까
해답은 둘 중 하나
역사인식의 부재
그게 아니라면

미신迷信 때문이었다라고 할까
두 가지 다일 수도 있긴 하다만…
무지와 맹신이 빚은 용납할 수 없는 과거 속의 일
그 이후로 아무런 일도 없었다

산

무분별한 벌목
통제는 물론
산신山神도 막을 수 없었던 시절
실화로 인한 산불까지 겹쳐
무성하던 산은
속이 훤히 들여다보이는 민둥산이 되었다
여기서 끝난 게 아닌 것이
큰비가 올 때마다
맑게 흐르던 골짜기는 탁류로 변했고
산 아래는 홍수가 났다
그나마 산이 제 모습을 찾은 건
치산治山과 병행된 아궁이 개조改造였다

도시로 간 소나무

관룡산 발치 손티고개 마루
할배 할매 소나무
나란히 서서 길을 안내하던 그들
임란壬亂 이전부터 이곳 지킴이었다니
나이가 대충 사백하고도 서른 살이 넘는다

햇볕 쨍쨍 내려쬐는 여름 한낮
오고가는 사람들
걸음을 멈추고
예서 잠시 쉬어가기도 했다

어느 날 소문 없이 떠났다
비탈을 깎고 길을 넓히는 바람에
살던 터를 내어주고
새 보금자리를 찾았으리라
누군 서울로 데려갔다느니 수군대나
아무도 모른다
그들이 등 붙인 곳을

어디에 있든
부디 오래오래 살았으면

동요를 부르는 노인

동요를 부를 때마다
동심의 세계로 빠져들게 된다

어린애들에게 맞는 동시童詩와 곡曲
"나의 살던 고향은 꽃피는 ~ ~"

그땐 집을 떠나 산다는 건 상상조차 못했다
새삼 고향이 그리워진다

노년에 들어선 지금
어릴 적 추억들이 새록새록 생각이 난다
반주도 없이 부르는 노래
잊어버리지 않은 것이 신기할 뿐이다

난리 통의 부산 · 부산 사람들

근화槿花 땅 동남 끝
배산임해의 작은 관문
사변이 발발하자 몰려든 피란민
갑자기 기형적 거대 도시로 변해버린 부산
수도를 임시 이곳으로 옮겼다

끝이 보이지 않던 전쟁
힘겨웠던 날들
서울이 수복되어도 남을 사람 남고
활기가 넘친 도떼기 시장
소문 듣고 무작정 모여든 날품팔이
하꼬방은 점점 산 위쪽으로 올라만 갔다
치열한 생존경쟁
그 와중에도 자식 교육만은 포기할 수 없어
학교는 아이들로 넘쳐났다

지난 일이긴 해도
기억에 남아있는 이름
임시수도 청사, 교통부…

그때나 지금이나
부두엔 갈매기 날고
동천은 흐른다

부엌과 남자

재래식 가옥을 헐고 들어선 아파트단지
거실과 주방이 별도 아닌 한 공간
주부중심의 구조이다

남자에겐 금기시되던 부엌
이제는 스스럼없이 주방에 드나든다
비단 이뿐만이 아니다

실추된 부계父系 권위?
옛 어른들이 이를 본다면 뭐라고 할지
사내가 들락거린다고 쯧쯧 혀만 찰까

남자의 체면

이사 온 날부터 시작된 수난
객쩍은 허세와 텃세 그리고 편견
동네 패거리에 무시無時로 괴롭힘을 당했다
계속되는 모욕에 치미는 모멸감을 삭일 수 없어
그들과 한판 맞섰다는데
알고 보니 그들은 오합지졸
그 일화는 백 번 들어도 흥미진진한 사건이었다
어디서 그런 담력이
달라진 건 꼬리 내린 그들의 비굴함이었다

트라우마

방치된 빈집
순간 과거 속의 한 장면과 겹친다
나병환자 남정네와 아낙이 머물다 간
인적이 끊겼던 병막
잊고 있었는데
다른 건 다 몰라도
이것만은 생각하고 싶지 않은 추억
무지가 불러왔던 두려움
은연중에 되살아나
쉽게 가라앉지 않을 것 같다

지류가 된 낙동강 하류

머나먼 길 칠 백리
흐르고 흘러 이곳에 이른다
길을 막아선 수문
잠시 걸음을 멈추더니
이내 발길을 돌린다

끊긴 채 흐르지 않는 물길
강폭은 좁아지고
우리에 갇힌 맹수처럼 위력을 잃었다
아마도 분노하고 있는지 모른다
어서 족쇄를 풀어달라고

왜들 이러시나
멋대로 지은 이름 서西낙동강
본류자리를 내준 것도 그러한데 이름까지
강이 새끼를 쳤나
차라리 안 부르니 못하다

해포도

긴 여정을 끝낸 낙동강
바다에 이르기 전
퇴적으로 생긴 삼각주三角洲를 만난다

강 한가운데로 튕겨져 나와
맹물과 짠물이 먼저 섞이던 곳
바다에 가장 가깝다하여
걸맞게 이름 지어 부른 섬 해포도海浦島
눈을 닦고 보아도 섬이 아니다
육지로 바꾼 지 아주 오래

세월은 흘러도
말은 전해지기 마련
나루터에서 배를 타고
조만강을 거슬러 올라가면
장유에 이르고
물길 따라 내려가면
명지나 녹산에 닿았단다

강과 바다를 아우르던
사라진 섬 해포도

호랑이 가죽 남기듯 이름만은 남았다

뱃길의 추억

담겨있듯 흐르는
이 고장의 젖줄 낙동강
태백 황지연못에서 발원하여
영남 전역을 돌고 돌아
남해南海—바다에 이른다
자연이 만든 수로水路이기도 하다

아주 오래는 아닌 가까운 옛날
황포돛배가 바람을 가르며 오르내리던 시절
돛과 키를 능숙하게 다루던 늙은 뱃사공
세월도 비켜간 그의 모습이 어렴풋이 떠오른다

황산 나루터 (황산공원)

낙동강 하류
강을 사이에 두고
나룻배가 들락날락거렸던 이곳
넓은 공원이 들어섰다
하대 받던 뱃사공의 애환이 서린 곳
아는지 모르는지
사람들은 여기를 즐겨 찾는다

군데군데 만들어놓은 벤치
젊은 연인들 밀어蜜語를 속삭이고
초로에 접어든 남녀가 손을 잡고 천천히 거닌다
만나는 사람마다 가벼운 목례
부담 없이 주고받는 인사이긴 해도
가식 없는 인간미가…

강바람이 분다
억새가 노래를 한다
즐거움이 가득한 오후 한 때다

1원의 가치

한때는 100환이었던 1원
지금도 엄연히 돈이다
그런데도
부자나 가난뱅이 할 것 없이
1원의 가치를 간과한다

1원짜리 동전은 다 어디로 갔을까
행방조차 묘연하다
화폐의 기능을 상실한 은둔의 돈

1원의 부富와 빈貧
부정否定할 수 없는 여유와 쪼들림의 차이

두/번/째/이/야/기

시든 꽃도 아름답다

낙화落花의 미

지는 꽃에도
아름다움이 있다
새털보다 가벼운 무게도 이기지 못해
한잎 두잎 떨어진다
잠깐이긴 해도
흥을 돋우는 바람의 추임새에
마지막 펼치는 꽃잎들의 춤사위
일대 장관이다

개화 開化

피면 시들고
시들면 낙화하는 게 자연의 섭리
눈길을 끄는 건
만개滿開의 파안보다
꽃망울의 미소微笑
수줍은 소녀의 웃음처럼 전해온다

아침바다

맑고 부신 햇살이
새벽의 어둠을 걷어내고
동녘은 노을로 붉게 물든다

수평선 너머에서
해가 솟는다
누가 감히 마다할까
이 찬란한 아침의 바다를

오! 그대여
좀 더 오래 머물러다오

자연은 위대한 화가

강에 내려앉은 파아란 하늘
그림을 그린다
물속에 잠긴 산봉우리
그 아래 뭉게구름
바람이 분다
흐트러지면 고치고 또 고친다

무슨 말이 필요할까

너를 좋아하게 된 건
해맑은 눈에 비친
너의 순수한 영혼을 보았다

너는 나에게 마음의 창을 열었다
어찌 너를 좋아하지 않을 수 있으랴

언제까지라도
너의 가슴 속 빈자리에 둥지를 틀고 싶다

외출

오랜만이다
정말 오랜만의 나들이다
찌푸린 하늘도 마냥 좋기만 하다

비가 온다
가을을 재촉하는 비가 온다
신발 끈을 단단히 동여매고
비를 맞고 걷는다

웃음이 절로 난다
소리 내어 웃어본다
암울했던 시간을 벗어난 해방감
이렇게 좋을 수가

아침노을

한일자로 그어진 노을
해는 어디에 숨었는지 보이지를 않고
처음 보는 생소한 그림
마치 하늘에 금빛 줄을 그어놓은 듯하다
어떻게 저렇게도 아름다울 수가
구름과 해가 아우러진
걸작 중의 걸작이다

동요보다 트롯을

아이가 트롯을 노래한다
가사의 격을 높인 직유直喩와 은유隱喩
노랫말의 뜻을 알기나 할까
아직도 경험이 일천한 어린 나이인데
희로애락의 감정을 자신의 것으로 나타내기에는

변성기도 덜 지난 부족한 성량
성년이 되려면 멀어도 한참 멀었다
보는 마음도 조마조마하다
꺾기 같은 어려운 기교
이상한 몸짓
어느 것 하나 어린애들 것이 아닌
그저 흉내 내는 것일 뿐

아이들을 어른 잔치에 끼워 넣어 판을 키운다
얘들이 자라서 뭐라고 할까
제발! 조옴!
아이는 아이다

솔숲 둘레길

산이라고 부르기는 좀 그렇긴 하다만
그래도 산은 산이다
아무려면 어때
명산이 아니라도 좋다

동틀 무렵에 맞춰
나이 든 노인네 하나 둘 모여 든다

줄지어 도는 산중턱 둘레길
야무잖게 걷는 것이
마치 소풍 온 유치원 아이들 같다

망상 妄想

산을 찾아
숲에 싸인 산책로散策路를 걷는다
반백년도 더 됨직한 아름드리 소나무들
하늘을 찌를 듯 위용을 과시한다
보기에도 단연 재목材木이다

순간 눈이 홀려
이 나무들을 베어내
실개울이 흐르는
남향동창이 될 만한 곳에 터를 잡고
주춧돌 위에 기둥을 세워
들보를 올린 다음 마룻대를 얹는다
골격이 갖추어지면
기와지붕에
방은 지리산 칠불사의 앗자亞字 구들로

허황한 꿈
숲의 고마움을 잊어버린 부질없는 생각
남가일몽南柯一夢이다

객승이 아니라면

암자 작은 종무소
앳되어 보이는 비구니
좁은 외벽 마루에 기대앉아
앞산을 하염없이 바라보고 있다
먹물들인 승복에 새 밀짚모자
와당을 닮은 미소
무슨 생각을 하고 있을까
분명 이 절집의 식구는 아닐진대
오다가다 들른 걸까
그러기엔 깊은 산중이다

바랑을 고쳐 매고 떠날 채비를 한다
어디로 가는 걸까
서두르지도 않고
그렇다고 늦은 걸음도 아니다

녹음 우거진 한여름 오후
개울을 따라 이어진 숲길 마치 터널 같다

행복한 미래

이젠 뒤돌아 볼 때다
잃을 것도 얻을 것도 별로 없는 여생餘生
웃을 일만 남았다

할 일이 있음에 즐거워서 웃고
그 즐거움은 바로 행복으로 이어주는 징검다리

웃는다
또 웃는다
웃음보를 풀어놓고 크게 웃는다
하! 하!! 하!!!

대장간

풀무가 훅훅
활활 불꽃이 타오른다
시뻘겋게 달구어진 화덕 속의 쇳덩어리
집게가 덥석 집어 물고
모루로 직행한다
어절씨구 해머가 춤을 춘다
망치도 홍이 나서 두들기는데
마치 타악기를 연주하듯 장단을 맞춘다
쇠가 쇠를 요리하는 예술이다

세대 차이

아버지는 아날로그
그 아들은 디지털 세대

그게 무슨(父)
편한 길 두고 왜(子)
둘 다 이유 있는 티격태격

내가 만든 것에는 판박이가 하나도 없어(父)
일일이 손으로 다 하다간 날 새겠네(子)

함께 사는 의미

인가에서 멀리 떨어진
소나무 숲으로 뒤덮인 두메
이곳에 도시생활을 접고 사는 산山사람이 있다
공기도 맑다
물도 깨끗하다
소음도 없다
도시가 싫어서가 아니라
산이 좋아서란다
그래도 그렇지
떨어져 사는 가족은 그에게 어떤 의미의 존재일까
사람인자人字의 뜻을 모를 리 없을 텐데
부대끼며 살더라도
가정이란 울타리를 지키는 것
그게 사람 사는 진정한 행복이 아닐까

세/번/째/이/야/기

막돼먹은 사람들

네 탓

산사태가 나도
강둑이 무너져도
네 탓을 입에 달고 사는 사람들
사안이 중하고
사실이 명백해도
막무가내 네 탓 타령
분별력이 미숙한 철부지인가
"철들자 망령이라(俗談)"
철들어도 걱정
네 탓 실랑이에도 세월은 간다

층간 소음

쿵쿵!! 쾅쾅!!
지신地神밟기라도 하듯
쿵쾅거리는 시끄러운 소리
늘 그랬듯이
에너지가 넘치나 보다
참기 어려운 소음
스트레스로 피로감이 더해간다
미안함을 모르는 사람과 이웃이 되어 산다

사서 고생

길거리에 나온 사람들
온통 흰 천으로 얼굴을 가렸다

누구 눈치 보랴
대문 활짝 열어놓고
수수방관하더니
콜레란지 코로난지
몹쓸 역병이 창궐했다

우환에다 겹친 빡빡한 살림살이
I9 소리가 절로 난다

다가오는 추석명절 어쩌란 말인가

아니 이럴 수가

예사롭지 않은 비
엄청 내린다
언제 끝이 나려나
엎친데 덮쳐 강풍까지
잠깐 주춤하면 천둥번개가 이어받는다
멀쩡하던 산이 황소울음을 내고
토사가 마을을 덮쳤다
졸지에 닥친 재액
망연자실
이들에게 무슨 죄가 있다고
벌집 쑤시듯
그렇게 헤집고 난장판을 치더니

하늘이시여!
그래도 꼭 이렇게 하셔야만 합니까

몹쓸 인간들

곳간은 비어가고
꾸어다 쓴 빚은 태산 같은데
털어먹을 궁리에만 혈안이 되어 있다
가래 터 종놈보다 더 못된 것들
요것들이 상전 노릇 하려 드네
몽땅 쓸어 담아 내다버려도 시원찮을 족속들
정말 하늘 무서운 줄 모르나 보다

무지 無知

서서히 데워지는 냄비 속의 개구리
제 죽는 줄 모르듯
알게 모르게 조여 오는
그게 무엇을 의미하는 건지
우매한 인간들 모르기는 마찬가지

건달들

봉건왕조시대 벼슬아치라도 된 양
거들먹거리기 일쑤고

속에 든 게 없으니
매사 건둥건둥
치밀한 계산이 있을 리가 만무

입은 비뚤어져도 말은 바로 하랬는데
"거짓말을 개머루 먹듯 해댄다(俗談)"

거스를 수 없는 세월

초판인쇄 | 2021년 5월 14일
초판발행 | 2021년 5월 20일

저　　자 | 이 수 종
편집책임 | 심 진 성
발 행 인 | 이 성 범
발 행 처 | 문 운 당
주　　소 | 서울시 종로구 혜화로5길 16 (명륜1가 45-3)
전　　화 | (02)762-6010
팩　　스 | 영업 (02)745-0265 / 편집 (02)762-8758
홈페이지 | http://munundang.co.kr
이 메 일 | 영업 munun2@chol.com
편집 munundang@naver.com

ISBN 979-11-5692-569-9 03810

정가 9,000원